学校では教えてくれない大切なこと ⑨

ルールとマナー

マンガ・イラスト 関 和之 (WADE)

旺文社

はじめに

テストで100点を取ったらうれしいですね。先生も家族もほめてくれます。でも、世の中のできごとは学校でのテストとは違って、正解が1つではなかったり、何が正解なのかが決められないことが多いのです。

「私はプレゼントには花が良いと思う」「ぼくは本が良いと思う」。どちらが正解ですか。どちらも正解。そして、どちらも不正解という場合もありますね。

山登りで仲間がケガをして動けない。こんなときは「動ける自分が方位磁石にしたがって下りてみる」「自分もこのまま動かずに救助を待つ」。どちらが正解でしょう。状況によって正解は変わります。命に関わることですから慎重に判断しなくてはなりません。

このように、100点にもなり0点にもなりえる問題が日々あふれているの

が世の中です。そこで自信をもって生きていくには、自分でとことん考え、そのときの自分にとっての正解が何かを判断していく力が必要になります。

本シリーズでは、自分のことや相手のことを知る大切さと、世の中のさまざまな仕組みがマンガで楽しく描かれています。読み終わったときには「考えるって楽しい！」「わかるってうれしい！」と思えるようになっているでしょう。

本書のテーマは「ルールとマナー」です。どうしてルールやマナーが必要なのでしょうか。たとえば、スポーツ選手たちはみんな、ルールを守って試合をしていますね。たとえ試合に負けたあとでも、対戦相手とお互いの健闘をたたえ合い、マナーよく接しています。そんな姿はとてもステキだと思いませんか？これは皆さんの生活でも同じです。ルールやマナーを守ると、みんなが安全に、気持ちよく暮らせます。相手を思いやる気持ちが、ルールやマナーの第一歩になりますよ。

旺文社

もくじ

- はじめに … 2
- この本に登場する仲間たち … 6
- 人物関係図 … 8
- プロローグ … 9

1章 家の中で

- あいさつはみんなの元気のもと！ … 16
- 身だしなみって大事なの？ … 22
- ごはん・おやつのマナー … 28
- 使ったあとは、どうする？ … 34
- ゴミの捨て方、知ってる？ … 40
- **できるかな？** ペットの世話 … 44
- ルールを守って楽しく遊ぼう … 46
- マナーチェック 友だちの家に遊びに行くときのマナー その① … 52
- マナーチェック 友だちの家に遊びに行くときのマナー その② … 54
- 規則正しく元気に過ごそう … 56
- 留守番するときは、どうする？ … 62
- さむやんの現代グルメ日記① … 66

2章 学校で

- 授業中のルールって？ … 68
- **キミならどうする？** 保健室へ行くとき … 74
- 休み時間も楽しく安全に！ … 76
- **キミならどうする？** 給食の時間 … 82
- みんなで使う「もの」「場所」は、大切に！ … 84

キミならどうする？ 職員室へ行くとき……90
さむやんの現代グルメ日記 ②……92

3章 家の外で

道を歩くときも安全第一！……94
自転車のルール、知ってる？……100
電車やバスでもルールを守ろう……106

マナーチェック
たくさんの人がいるところでのマナー……112
お店でのマナーって？……114
レストランではどうする？……118
博物館や映画館ではどうする？……122
さむやんの現代グルメ日記 ③……126

4章 みんなと仲良く

気持ちが伝わる「聞き方」「話し方」……128
友だちと仲良くするには？……132

できるかな？ 家のお手伝い
家の人に話そう・伝えよう……138
ていねいな言葉づかいで話そう……140
携帯・インターネットのルールとマナー……144

エピローグ……150

スタッフ

- 編集
  次原 舞　高杉健太郎
- 編集協力
  福岡千穂
- 装丁・本文デザイン
  木下春圭　土屋裕子
  （株式会社ウエイド）
- 装丁・本文イラスト
  関 和之
  （株式会社ウエイド）
- 校正
  株式会社ぷれす

する仲間たち

マモル（角田守）
- 小学3年生
- ルールやマナーを守るのが苦手
- 運動が得意で、いつも元気いっぱい
- 男らしさにあこがれている
- 好きな食べ物はハンバーグと牛乳、きらいな食べ物はニンジン
- ゲームが好き

角田家

お母さん（角田節子）
- ルールやマナーを守れないマモルに困っている
- ちょっぴり太り気味なのを気にしている

お姉ちゃん（角田礼子）
- 中学生
- 茶道部で、礼儀作法に厳しい
- トライアスロン大会で優勝するほど運動神経ばつぐん

お父さん（角田正）
- サラリーマン
- マイペースな性格で、家では少しだらしがない

ルル
- 角田家のネコ
- かわいらしいが実はオス

この本に登場

ポニ子
- さむやんと一緒に江戸時代からやってきたさむやんの愛馬
- とても足が速くカッコいい
- 実はポニーの女の子
- 全力ダッシュするときは二足歩行になる

ルールざむらい（愛称：さむやん）
- 現代の子どもたちにルールやマナーの大切さを教えるため，江戸時代からやってきた
- 自分もまだ11才の子ども
- ちょんまげ付きの帽子をかぶっている
- 大切な物は聖剣（実は竹刀）

アイ
- やさしくてかわいい人気者
- おっとりしていて，少し天然

ヤスオ
- マモルの親友
- 電車が大好き

マモルのクラスメート

ナオ
- アイと仲良し
- しっかり者で頼りになる

カズキ
- おしゃれ
- ちょっと嫌味

理由その1 あぶない目にあわないため！

ルールやマナーを守らないと…

●道路に飛び出して車にひかれる！

●エスカレーターで遊んでけがをする！

人にけがをさせたり，傷つけたりしてしまうこともあるでござる！

立入禁止の場所に入るのもダメ！

ルールやマナーを守ると…

●交通事故をさけられる！

●公共の場所でけがをしない！

みんなが安全に過ごせるでござるな！

これなら安心！

理由その2 人にめいわくをかけないため！

⭕ ルールやマナーを守ると…

ちょっとガマンしなければならないこともあるけど…

⬇

まわりの人に気づかいができる

⬇

信頼してもらえる・好きになってくれるかもしれない

❌ ルールやマナーを守らないと…

ガマンしなくていいけど…

⬇

まわりの人にめいわくをかける

⬇

信頼してもらえなくなる・きらわれる

1章
家の中で

いろいろなあいさつ ①

キミは，あいさつできているかな？
あいさつをしないと，まわりの人はどんな気持ちになるかな？

朝，出かけるとき

近所の人に会ったとき

こんなとき，どう言う？

相手の気持ちになって考えよう。

Q1 人から物をもらったり，何かをしてもらったりしたとき

○ お礼を言われた人もうれしい気持ちに！

× 相手はがっかりしてしまうよ。

Q2 人に何かをしてあげて，「ありがとう」と言われたとき

○ ますますうれしい気持ちになる。

× 感謝の気持ちがしぼんでしまう。

Q3 人にめいわくをかけたり，悪いことをしてしまったとき

○ 許そうという気持ちになる。

× 怒りの気持ちがおさまらない。

1章 家の中で

キミの返事は，OK？

相手の顔を見て，「はい」「いいえ」とハッキリ答えよう。

2回返事をするのは失礼だよ。　　小さな声だと相手に聞こえないね。

かっこいい！

きれいに洗濯した服をきちんと着ていると…

ダメダメ…

高級な服でも、汚れてシワシワだと…

目指せ！身だしなみの達人

レベル1　キミはできているかな？　できていたらチェックしよう！

☐ 朝，顔を洗う

☐ 寝ぐせを直し，髪を整える

☐ 歯をみがく

☐ つめを切る

クリアできたら　レベル2，3へGO！

レベル2

☐ **服をきちんと着る**

ボタンをきちんと　　ファスナー（チャック）
とめる　　　　　　　を閉める

☐ **出かけるときはハンカチ，ティッシュを持つ**

レベル3

☐ **くつをきちんとはく**

かかとはつぶさない　　くつひもをきちんと結ぶ　　おしゃれは足もとから！

1章 家の中で

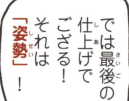

極意その1 衛生的に！

おなかをこわさないために，大切でござる！

☐ **食べる前には，手を洗おう**

ばい菌のついた手で食べ物を食べると，「食中毒」になることがあるよ。

まわりの人を不快にさせない！

一緒に食事をする人が，イヤな気持ちにならないようにするのが大切！

☐ **かんでいるときは口を閉じる・ゲップをしない**

☐ **食べ物が口に入っているときにしゃべらない**

☐ **ひじをつかない**

☐ **食器で大きな音を立てない**

☐ **食事中に下品な話をしない**

☐ **こぼさないように気をつける**

極意その3 感謝していただく！

ごはんが食べられるのは，ありがたいこと。
作ってくれた人にも感謝を忘れずに。

☐ 好ききらいせず，残さず食べる

☐ 食べ物をそまつにしない

☐ 食事の前は「いただきます」

☐ 食べ終わったら「ごちそうさま」

1章 家の中で

ごはん・おかずの並べ方

お手伝いをしてみるでござる！

左側にごはん，右側にみそ汁などの汁物，奥におかずを置く。箸は，持つ方が右側になるように置く。

豆知識
「ごはん」「汁物」「おかず3種（主菜1、副菜2）」の献立は，和食の基本。「一汁三菜」というよ！

こんな箸の使い方はNG！

✕ **刺し箸**（食べ物をつき刺す）

おかずは箸ではさもう。

✕ **寄せ箸**（器を箸で引きずる）

器は手に持って動かそう。

✕ **箸わたし**（箸で食べ物をやりとりする）

おかずは皿に取ってわたそう。

✕ **指し箸**（箸で人を指す）
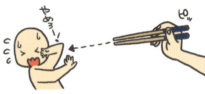
箸で人を指すのは失礼だよ！

使ったあとはきれいに！ トイレ

●きちんと流す。

●汚れたり，水が飛び散ったりしたところは，ふく。

●トイレットペーパーがなくなったら新しいものをセットする。

●スリッパをそろえる。

使ったあとはきれいに！ お風呂

●あがったあと，湯ぶねの中のゴミ（髪の毛など）を取る。

●お風呂からあがるときは，次に入る人のことを考えよう。

- ふたを閉める
- 小物ははしへ寄せる
- 床の泡なども流す

使ったあとはきれいに！ 洗面所

使ったあとは，元の場所に！

家族みんなで使うものは，使ったら元の場所に戻そう。
どこにあるかわからないと，次に使う人が困ってしまうよ。

●つめ切り・耳かき・ばんそうこうなどの衛生用品

●ティッシュの箱やリモコンも定位置に

ゴミはルールにしたがって捨てよう！

ゴミの分別の仕方は，住んでいる地域によって決まっているよ。
自分の地域のルールをたしかめて分別しよう。

ゴミの分別の例
※ 地域によって異なります。

ものを大切にしよう！

ていねいにあつかおう

●大切にあつかうと，長持ち！

●乱暴にあつかうと，すぐこわれる。

必要な人に使ってもらおう

●リサイクルショップやバザーに出す。

●必要としている人にゆずる。

マモルとお姉ちゃんは、こんなペットの世話をしているよ！

●えさをやる

●猫トイレのそうじ

●病気になったら動物病院へ連れていく

●ブラッシングやつめ切り
※おうちの人と一緒にやろう。

ルール その1 やるべきことを終わらせてから遊ぶ

ルール その2 家の人に行き先と帰る時間を伝える

●伝えると…

ヤスオたちと公園でサッカーしてくる。5時に帰るよ。
いってらっしゃい！

そろそろ帰ってくる時間ね。

○ どこで、何をしているかわかって、おうちの人も安心だ！

●伝えないと…

マモルはどこへ遊びに行ったのかしら？
ヤスオくんち？公園？

まだ帰ってこない…。

× おうちの人は、とても心配するよ！

ルール その3　あぶない場所に近づかない

● 池・川など

● 立入禁止の場所

● ゲームセンターなど，子どもだけで行くのを禁止されているところ

ルール その4 家の人と約束した時間に帰る

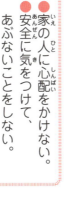

行くときのマナー その1

チェックポイント1 おうちの人にあいさつする

マナーチェック ☑ 友だちの家に遊びに

チェックポイント 2 脱いだくつはそろえる

行くときのマナー その2

| チェックポイント 3 | 家の中のものを勝手にさわらない |
| チェックポイント 4 | 何かもらったらお礼を言う |

ごちそうになったり何かもらったりしたら，親に伝えましょう！

マナーチェック ✓ 友だちの家に遊びに

チェックポイント 5　帰るときもおうちの人にあいさつする

生活のリズム その1　早寝早起きでいいことある

●早寝早起きすると…

朝すっきり起きられる！

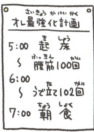

1日たっぷり時間が使える！

●夜ふかしすると…

朝きちんと起きられない。

時間がむだに過ぎてしまう。

生活のリズム その2 ３食しっかり食べよう

朝ごはんを食べると，体も頭も目覚めて１日元気に活動できるよ。

● 朝ごはんを食べないと…

頭が働かない。　　　　　　　　　元気が出ない。

● 朝・昼・夜，決まった時間に食べよう！

朝食　　　　昼食　　　　夕食

体のリズムが整って，健康に過ごせる。

● 好ききらいせずに食べよう！　　● おやつは量を決めて食べよう！

体の成長のためには
いろいろな栄養素が必要。

生活のリズム その3 時間を決めて遊ぼう

テレビやゲームの時間を決めておこう。

テレビは2時間！ゲームは1時間！

だれも逆らえません…

今日はこれくらいにしといてやるか。

長時間のテレビやゲームは…
- 睡眠不足になってボーッとしてしまう。
- 目が悪くなる原因になる。

限られた時間で集中して遊びましょ！

1章 家の中で

生活のリズム その4 帰ったら，うがい・手洗いだ

手には細菌やウイルスがいっぱい！ 外から帰ったら，うがい・手洗いで風邪やインフルエンザを予防しよう！

●うがいのしかた
❶口に水を含んで，はき出す。　　❷水を含んで上を向き，のどの奥まで水が入るように。※くり返す

●手洗いのしかた
❶手をぬらし，石けんを泡立ててから洗う。　　❷しっかり洗い流す。

留守番中の こんなとき，どうする？

おうちの人と話し合って，留守番中の対応を決めておこう。

だれか来たとき

- すぐにドアを開けない
- 知らない人なら，出ない
- 留守番をしていると言わない

電話がかかってきたとき

- 留守番電話にしておく
- 相手をたしかめてから出る
- 留守番をしていると言わない
- 伝言はメモしておく

困ったことが起きたとき

- お父さん・お母さんの携帯電話に電話をかける

※困ったときのために，その他の緊急連絡先（祖父母・近所の人など）を確認しておこう。

1章 家の中で

留守番中の 気をつけることリスト

留守番をするときは、次のことにも気をつけるでござる。

☐ 家に入るときは、まわりをよく見てから

→ 知らない人にあとをつけられている危険がある。

☐ 戸じまりをしっかりする

→ 家族以外の人が家に入る危険がある。

☐ 外やベランダに出ない

→ 落下や思わぬ事故の危険がある。

☐ 火や刃物を使わない

ストーブ　　コンロ

包丁

→ けがややけどの危険がある。

一人でいるときにあぶない目にあわないように、いつもより注意して行動しようね。

さむやんの 現代グルメ日記 ①

●月▲日

みんなで「回転ずし」へ行ったでござる！なんと！おすしが回っているのである！好きなものを取ってよいが、一回取ったお皿は、戻さないのがルールらしい。どれにしようか迷っていたら、食べる前に目が回ってしまった。

2章 学校で

授業中のルール その1

きちんと席に着く

席に着かないと…
授業が始められない。

勝手に席を立つと…
授業が中断してしまう。

先生の話をしっかり聞く

おしゃべり
ほかのクラスメイトのめいわく！

いねむり・よそ見
先生に失礼！

授業中のルール その2

● 発言するときは手をあげる

勝手に発言するとめいわくだよ。

● 先生に指名されてから発言する

みんなが一度に話すと聞こえない！

● 発言する人の話をよく聞く

聞いてもらえないとイヤな気持ちになるね。

● まちがった人を笑わない

まちがうのは悪いことではないよ。

授業中のルール その3

● 体調が悪くなったら先生に言う

先生に許可をもらってから、保健室やトイレに行こう。

行くとき

キミならどうする？ 保健室へ

ろう下・階段でのルール

○ 走らず，ゆっくり静かに歩く

× 全力ダッシュ

ほかの人にぶつかるよ！

× 広がって歩く

ほかの人が通れない！

× 階段で遊ぶ

あぶないし，まわりにめいわく！

× 座り込む

だらしなく見える・じゃまになる！

運動場で遊ぶときのルール

ゆずりあって遊ぶ

場所や遊具はゆずりあい，ほかの人が使っているときは順番を守ろう。

まわりに気をつけて遊ぶ

ぶつかったり，ボールが当たったりしないように気をつけよう。

こんなこともダメ！

●危険な遊び方

●花だんなどに入る

こんなとき，どうする？

おぬしならどうするでござるかな？

Q1 スポーツやゲームに勝ったとき

○ お互いに健闘をたたえ合う。

× 自慢する・負けた人をけなす。

Q2 スポーツやゲームに負けたとき

○ くやしい気持ちは心の中にしまっておく。

× くやしくて相手やものにやつあたりする。

勝っても負けても相手の気持ちを考えて行動することが大事ね！

時間

みんなで使うものは，大切に！

こわしたり，汚したりすると，ほかの人が使えなくて困るよ！
あとに使う人のことを考えて，大切に使おう。

✗ **ボールや遊具を乱暴にあつかう**

✗ **そうじ用具で遊ぶ・ふざける**

✗ **机に落書きする**

✗ **図書室の本をやぶる・落書きする**

学校の備品などを買うためには，たくさんの人が働いて納めた税金が使われているよ。

2章 学校で

自分のものも、きちんと整理！

決められた場所にきちんと整理しておかないと、ほかの人にめいわくがかかるよ。汚れたものは置きっぱなしにせず持って帰ろう。

✗ ほかの人の場所にはみ出す・自分のものを散らかす

✗ 汚れたもの・くさいものを置きっぱなしにする

みんなで使う場所は、きれいに！

次に使う人のことを考えて、使ったあとはきれいにしよう！

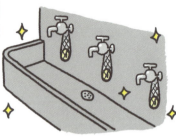

汚れはトイレットペーパーやぞうきんでふく。

蛇口をきちんとしめ、水まわりもきれいに。

➡ あとの人が気持ちよく使えるね！

そうじはみんなで協力してやろう！

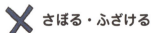 さぼる・ふざける

 自分から率先してやろう

➡ みんなで使う場所は、みんなできれいにしよう。

行くとき

さむやんの 現代グルメ日記 2

● 月 ▲ 日

今日は近所の神社のお祭り。人々のお祭り好きは、江戸も現在も変わらないようでござるが、屋台の食べ物には、見たことのないものがいっぱいでござった。

おいしく食べたあとは、みんなゴミをゴミ箱に捨てていて、実にあっぱれじゃ!

3章
家の外で

道を歩くときのルール

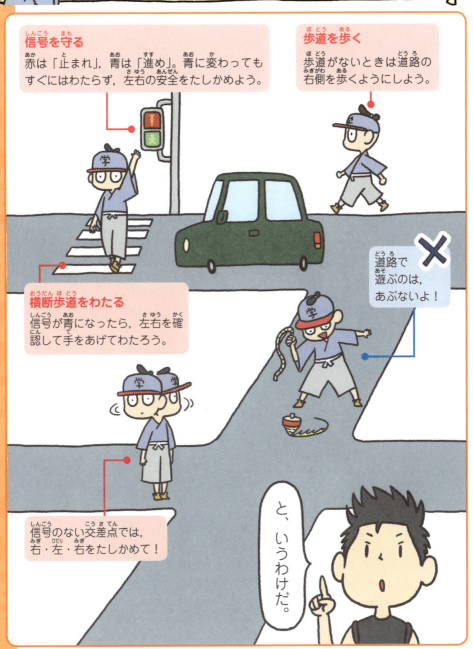

危険を予測せよ！

どんな危険があるか考えてみよう。

危険1　道に飛び出す

車は急に止まれない！

危険2　横断歩道以外のところをわたる

車の運転手はびっくり！

危険3 車の近くで遊ぶ

車の運転手からはキミの姿が見えないかも！

危険4 本やゲームを見ながら歩く

まわりの人や車の動きに気づけない！

危険5 見通しの悪い交差点

かげから車や自転車，バイクが出てくるかも！

3章 家の外で

道路でもマナーを守ろう

自転車のルール

ちなみに馬は道路交通法では「軽車両」あつかいなのよ♪

「車道の左側」が原則！

自転車は「車」の仲間。
車道の左側を走るのが原則だよ。

馬も左側を走るのよ！

歩道では，ゆっくり！

歩道は歩いている人が優先だよ。
歩く人があぶなくないように，車道寄りをゆっくり進もう。

あぶない！

横断歩道では…

自転車マークのところを走ろう。
自転車のマークがないときは，歩く人のじゃまにならないよう気をつけてわたろう。

自転車の止め方

○ 駐輪場などの決められた場所に、かぎをかけて止めよう

✕ 歩道や点字ブロックの上に止める

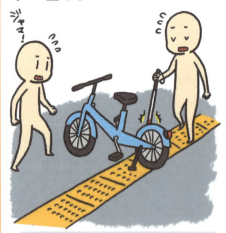

あぶないし、困る人がいる。

✕ 店の前に止める

※ 駐輪場がある場合はOK

店やお客さんのめいわくになる。

こんな乗り方はNGだ！

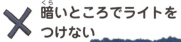

✗ 暗いところでライトをつけない

まわりがよく見えない！車や人から自分を見つけてもらえず危険！

✗ かさをさして乗る

前が見えにくく，片手だとあぶない！

✗ 二人乗り

大人が幼児を専用座席つきの自転車に乗せるとき以外は，禁止されているよ。

✗ 横に並んで走る

車や歩行者のじゃまになって，危険！

乗る前に確認しよう

できるかな？　電車のマナー

ステップ1　電車に乗るとき，キミならどうする？

ドアのわきに順番に並んで待つ

ドアが開いたとたん，駆け込む！

降りる人が降りてから乗る

降りたい人が降りられない

降りたい。
乗りたい。

スムーズに乗り降りできてみんなハッピー！

GOOD!

押し合いになってみんなイライラ

BAD…

3章　家の外で

ステップ2　どんなふうに席に座る？

きっちりつめて座る

→ たくさんの人が座れる！

ゆったりひろびろ！

→ ほかの人が座れない

ステップ3　電車の中で，どんなふうに過ごす？

静かにきちんと座る

→ 安全でみんな快適！

吊り革で体操！

→ あぶない・ほかの人にめいわく！

ステップ4　お年寄りや体の不自由な人を見かけたら…

声をかけて席をゆずる

気づかないフリをする

席を必要とする人が座れる

困っている人が座れない

やさしい気持ちが伝わって，みんなハッピー

GOOD!

みんなつらい気持ちになる

BAD…

3章　家の外で

ステップ5 席がいっぱいのときは？

吊り革や手すりを持って立つ

→ ほかの人のじゃまにならず，安全！

GOOD!

床に座ってくつろぐ

→ ほかの人のじゃまになる

BAD…

● 電車やバスでは，こんなことにも注意！

荷物がじゃまにならないように

荷物は床に置かず，リュックは前にかかえよう。

食べたり飲んだりしない

こぼしたり，においがしたりして，めいわくがかかる！

電車やバスでは、まわりの人のめいわくにならないようにしよう。

心の一句
ゆずりあい 満員電車も ハッピーに！

いるところでのマナー

| チェック ポイント 1 | 病院や乗り物の中では携帯電話などをマナーモードに |

| チェック ポイント 2 | 傘はじゃまにならないように持ち、ふり回さない |

マナーチェック ☑ たくさんの人が

チェックポイント 3 せきやくしゃみをするときは口元を押さえる

チェックポイント 4 人のことを指差さない

お店でのマナー

デパートやスーパーマーケット，コンビニエンスストアなどでのマナー，守れているでござるか？

商品はていねいにあつかう

買う前の商品は，お店のものだよ。汚したりこわしたりしたら，お店やほかのお客さんにめいわくだね。買わないときは，元の場所に戻そう。

店内で遊んだりさわいだりしない

店内でさわぐと買い物をしている人のじゃまになるし，物をこわしたり，けがをしたりするかもしれないよ。

レジの順番を守る

割り込みをされたら，腹が立つね。列のいちばん後ろに並んで待とう。

エスカレーター・エレベーターのマナー

デパートや駅で利用することが多いぞ。あぶない乗り方をすると事故につながるでござる！

エスカレーター

○ 手すりを持って立つ

エスカレーターでは、歩かずに手すりを持って立とう。

✗ 走る・逆方向に進む

自分もまわりの人も、とても危険！

✗ 手すりから乗り出す

落ちたり、物にぶつかったりして危険！

エレベーター

✗ 乗るときに、ドアの前をあけずに待つ

ドアの前で待っていると、降りてくる人のじゃまになるよ。

✗ 止まったときに、降りる人に場所をゆずらない

出入り口近くに乗っているときは、いったん外へ出て場所をあけよう。

レストランでのマナー

きちんと席に着いて静かに食事をする

みんな楽しく食事ができる！

さわぐとほかの人の食事のじゃまになる！

食べられる分だけ注文する

残さずおいしく食べると，作った人もうれしい！

残すともったいないし，作ってくれた人に失礼！

ファーストフード店では こんなことに気をつけよう

●食べ終わったら自分で片づける

✕ ほかの人が片づけなければならず、めいわくがかかる。

●食べ終わったら店を出る

✕ 長い時間席を使い続けると、ほかの人が使えない。

豆知識 テーブルマナー

少しおしゃれして出かけるレストランでは、テーブルマナーを守れるとステキよ。

ナイフ・フォークの持ち方

ナイフ・フォークは外側から使っていく。

ナイフ・フォークの置き方

●食事中

●食べ終わったあと

●一口の大きさにして食べる

●スープは音を立てずに飲む

博物館や美術館でのマナー

展示品にさわらない

貴重な展示品を傷つけると，元には戻せないよ！

静かに鑑賞する

大きな声で話したり，走り回ったりすると，まわりの人はゆっくり鑑賞できないよ。

ルールを守り，ほかの人のじゃまをしない

ほかの人が鑑賞するじゃまにならないよう気を配ろう。また，撮影禁止や立入禁止などのルールを守ろう。

3章 家の外で

映画館・劇場でのマナー

静かに鑑賞する

映画などの鑑賞中は、小さな話し声でも気になるよ。うるさくすると、まわりの人は映画や劇の内容に集中できないね。

立ち上がらない・歩き回らない

立ち上がったり、歩き回ったりすると、まわりの人は前が見えないよ。じゃまにならないよう、きちんと席に着こう。

食べたり飲んだりは、静かに

大きな音を立てたり、飲み物をこぼしたりすると、まわりの人のめいわくだね。

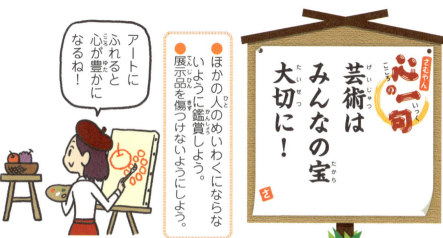

さむやんの 現代グルメ日記 ３

●月▲日

大好きなドーナツ屋さんに行ったでござる！どれにしようかワクワク♥ 長い時間、ショーケースにくっついて、ドーナツを選んでいたら、周りのお客さんの迷惑になってしまって反省…。このお店のドーナツは、絶品！せっしゃもいつか、世界一おいしいドーナツをつくってみたいでござる！

4章
みんなと仲良く

「聞き上手」さんのマナー

キミはどんなふうに人の話を聞いているかな？

「話し上手」さんのマナー

キミはどんなふうに話しているかな？

✗ 相手のほうを見ないで話す

い…いやあ昨夜のラーメンうまかったなー
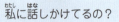
私に話しかけてるの？

○ 相手のほうを見て話す

昨日、家族でフレンチを食べてね…

私に話してくれてるのね♥

✗ 小さな声／大きすぎる声で話す

とん…こつ…ラー…メン…
聞き取りにくい！

○ ちょうどいい大きさの声ではっきり話す

東京特許許可局はマサチューセッツ州の…

聞き取りやすい！

✗ 一方的に話し続ける

とんこつったらとんこつよ！いぶんこつ以外ありえないだろ？

ボクの意見が言えないよ！

○ 相手の意見も聞きながら話す

ボクは将来アメリカに行きたいんだけど…キミはどうだい？

会話が楽しめる！

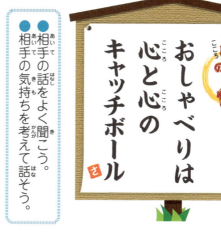

友だち関係のマナー その1

悪口を言わない

悪口を言わず，いいところを探す
→ 相手はいやな気持ちにならない。

うそをつかない

うそをつくと…
→ 信用してもらえない。

こんなことも，トラブルのもと！

✕ 借りたものを返さない　　✕ お金の貸し借り

友だち関係のマナー その2

素直に「ごめんなさい」を言おう

素直に謝ると… ➡ 相手も素直になれて、仲直りできる。

友だち関係のマナー その3

「ありがとう」を伝えよう

✗ 何かしてもらって何も言わないと…

喜んでもらえなくて悲しい…。

○ 気持ちをこめて「ありがとう」を言うと…

喜んでもらえてうれしい！

ヤスオと仲直りできたけど…
どうしてケンカしちゃうのかな？
相手の気持ちを考えてみるといいでござるよ！
ペロリンセンセーショナル！

友だち関係のマナー その4

相手の気持ちになって考えよう

ずっとわかりあえない。

わかりあうきっかけが生まれる。

自分とはちがう考え方も受け入れよう

仲良しでいられない。

仲良しでいられる。

みんなちがう人間だから、考え方も好きなものもちがって当たり前ね！

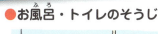

マモルとお姉ちゃんは、こんなお手伝いをしているよ！

1日の出来事を話そう

● 1日の出来事を話すと…
家の人は、みんながどんな1日を過ごしたかがわかって安心！

大事なお知らせを伝えよう

● きちんと伝えると…
家の人は、お知らせの内容を聞いて準備ができるよ。

家族に相談！ 困ったことは話し合おう

ていねいな言葉づかい

言葉の終わりに「〜です」「〜ます」をつけたり、言葉のはじめに「お」「ご」をつけたりして、ていねいな言葉づかいで話そう。

✗ NG!
「うん」「ううん」
「オレ」
「〜だよ」

○ OK!
「はい」「いいえ」
「ぼく」「わたし」
「〜です」「〜ます」

✗ NG!
「はらへった」
「飯を食う」
「うまい」

○ OK!
「おなかがすいた」
「ご飯を食べる」
「おいしい」

豆知識

はじめに「お」や「ご」をつけると、ていねいな印象の言葉になるよ。ただし、どんな言葉にもつけていいわけではないから気をつけて！

○ お弁当　お茶　お手紙　ご飯　ご住所　お名前

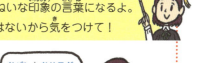

おパンとおサラダをいただきます。

「パン」や「サラダ」にはつけないのよ。

4章 みんなと仲良く

こんなときは，ていねいな言葉を使おう

先生や年上の人と話すとき

先生おはよーっ。授業のことでちょっと聞きたいんだけど！

先生，おはようございます。授業のことで質問があります。

ムッ！

にっこり

言葉づかいが悪いわね…。

礼儀正しくて，感心！

初めて会う人・親しくない人と話すとき

おばさん教えて！駅ってどっち？

すみません。駅へはどう行けばいいですか？

おばさん…？

角を右へ…

角を右へ…

ちょっと失礼ね！

きちんとした話し方ね！

いろいろな場面で使うていねいな言葉

ふだんの生活のなかで、ていねいな言葉が使えるようになろう。

✗ これ、1つ！
◯ このケーキを1つください。

✗ チョコレートケーキ、ある？
◯ チョコレートケーキはありますか？

✗ トイレ、どこ？
◯ トイレはどこですか？

✗ ちょっと、どいて！
◯ すみません、通してください。

✗ 何冊借りられるの？
◯ 何冊借りられますか？

大阪のコバヤシですが、お母さんいらっしゃいますか？

あ、母ちゃんの友だちだ

✗ ちょっと待って。
◯ 少々お待ちください。

4章 みんなと仲良く

いろいろな敬語

相手に対する尊敬の気持ちを表す言葉を「敬語」と言うよ。
いろいろな敬語を使ってみよう。

1

✗ おたふく先生，いる？
○ おたふく先生はいらっしゃいますか？

2

✗ これ，食べて！
○ どうぞおめしあがりください。

3

✗ 荷物，持ってあげる。
○ お荷物をお持ちします。

4

スズキですがタダシさんいらっしゃいますか？

お父ちゃんの会社の人だ

✗ お父さんは出かけてるよ。
○ 父は出かけております。

豆知識

❶❷は，先生やお客様の動作を高めて言う敬語。❸❹は，自分の側の動作をへりくだって言う敬語よ。❹のように，自分の家族のことをよその人に話すときは，へりくだった言い方をするよ。

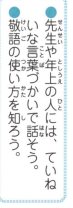

携帯・インターネットの注意点 ①

個人情報をもらさない！

● ブログや掲示板に自分や家族のことを書かない

悪い人に,自分の情報がわかってしまう危険があるよ。

● 名前や住所を入力させるサイトに注意

自分の情報が悪用される危険があるよ。必要があるときは家の人に相談しよう。

料金のトラブルに注意！

● ネット上でお金を払わない

無料ゲームでも追加料金がかかる場合があるよ。小さな金額でも積み重なると高額に！

● 架空請求には応じない

使っていないサービスの利用料金を請求されても,応じないこと！

4章 みんなと仲良く

携帯・インターネットの注意点 ②

信じられる情報か考える

情報をそのまま信じるのではなく，自分で考える習慣をつけよう。信頼できるサイトか，だれが書いたのかなどを確認することも大事だよ。

ネット上で人の悪口を言わない

直接悪口を言ったときと同じように，人を傷つけるよ。ネット上でも，相手の気持ちを考えて発言しよう。

携帯・ネットの使いすぎに注意

携帯やパソコンを手放せない「ネット依存」になってしまうことも！

4章 みんなと仲良く

メールの注意点

●知らない人からのメールに返信しない

心あたりのないメールに返信したり、リンクをクリックしたりすると、自分の情報がもれる危険があるよ。

●メールの添付ファイルはいきなり開かない

知らない人から届いたメールの添付ファイルを開くと、ウイルスに感染することがあるよ。パソコンには「ウイルス対策ソフト」を入れよう。

約束を守って使おう

おうちの人と、携帯・パソコン・インターネットの使い方を話し合おう。

●パソコン・インターネットは家の人のいるところで使う

●時間を決めて使う

わが家のオキテ

インターネットは1日1時間！夜は9時以降はネット禁止ね！

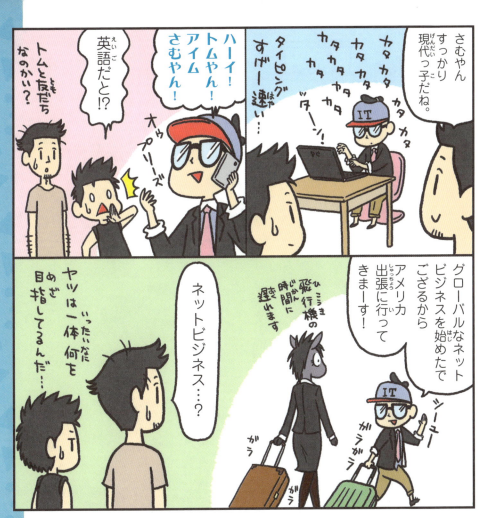

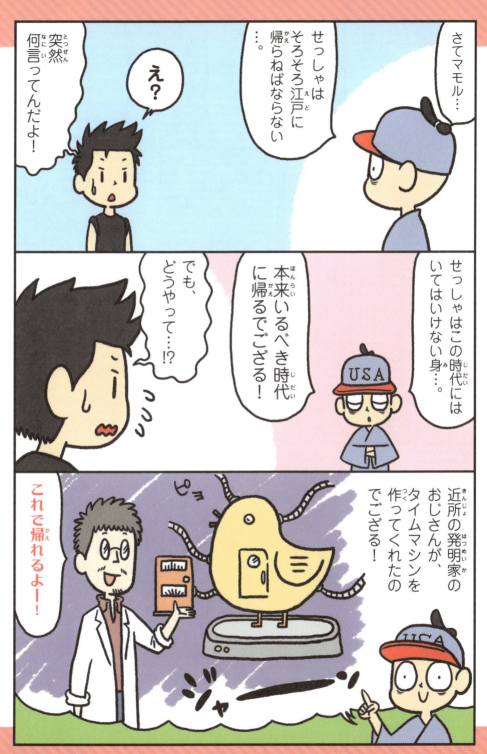